AF343204

R F

A LA MÉMOIRE

DE

Mme LA V^{tesse} GUSTAVE DE PERRIEN

NÉE

ROGER DE SIVRY.

VANNES

IMPRIMERIE GALLES, RUE DE LA PRÉFECTURE.

—

1879.

Deux des familles les plus honorables de notre pays viennent d'être cruellement éprouvées par la mort de Madame la Vicomtesse Gustave de Perrien de Crenan, née Roger de Sivry, décédée, mardi dernier, au château de Locmolay, en Kervignac, à l'âge de 32 ans.

D'une piété exemplaire et d'une générosité sans limites, Mme de Perrien était la providence des pauvres et notamment de ceux de la commune de Kervignac. Sa mort est une perte immense pour la localité, où elle répandait si largement ses bienfaits, et sa mémoire y sera à jamais bénie.

Dieu la trouvant mûre pour le ciel, l'a enlevée à la fleur de l'âge, pour couronner ses vertus. Puissent M. le Vicomte de Perrien et ceux qui pleurent avec lui, trouver dans cette pensée et dans leurs sentiments chrétiens, quelque consolation à leur immense douleur !

Les obsèques de Mme la Vicomtesse de Perrien ont eu lieu hier matin, à dix heures, à Kervignac, au milieu d'une affluence considérable. Un grand nombre d'ecclésiastiques y assistaient, ayant à leur tête Mgr l'Évêque de Vannes.

Les habitants de Kervignac avaient tenu à honneur de porter eux-mêmes le cercueil de celle qui fut leur bienfaitrice.

Avant de donner l'absoute, notre vénérable Évêque est monté en chaire, et, les larmes aux yeux, il a retracé en quelques paroles bien senties, la vie toute de charité et de dévouement de Mme de Perrien, qui a choisi, pour dernière demeure, le cimetière de cette paroisse, où elle a accompli tant de bien. L'assistance était profondément émue et témoignait, par son attitude recueillie, des liens intimes qui l'unissent à l'excellente famille de Perrien.

Sa Grandeur a béni elle-même la fosse où reposent, dans la paix du Seigneur, les restes de celle qui fut un modèle de toutes les vertus chrétiennes.

(Extrait du *Morbihannais*, Nº du 22 août 1879.)

PAROLES

PRONONCÉES AUX

OBSÈQUES DE Mme LA V^{tesse} GUSTAVE DE PERRIEN

PAR MONSEIGNEUR L'ÉVÊQUE DE VANNES.

MES TRÈS CHERS FRÈRES,

Souffrez que j'interrompe un instant vos ferventes prières. Je veux seulement vous dire que je comprends et partage votre trop légitime douleur. Elle est profonde, si je la mesure à votre admirable attitude et à l'étendue de la perte que vous venez d'éprouver.

Si j'entreprenais de faire, ce dont je n'ai ni le temps ni la force, l'éloge funèbre de celle que nous pleurons tous aujourd'hui, je commencerais par vous dire : Regardez ces cierges bénits qui brillent dans les mains des enfants de l'hospice d'Hennebont. N'y voyez-vous pas comme un symbole de la foi et de la charité de votre pieuse défunte? Cette lumière douce et calme rappelle les principales qualités de Madame la Vicomtesse de Perrien. Cependant sa bienfaisance était plus éclatante : elle rayonnait plus

loin. Aussi une Sœur de charité se plaisait-elle hier à dire :
« Il ne m'est jamais arrivé d'implorer en vain la pitié de
cette bonne Dame. Elle allait au-devant des besoins que
j'avais à lui exposer. »

Pour moi, mes Frères, Dieu m'en est témoin, je me
suis toujours abstenu de solliciter la générosité de ce grand
cœur, qui s'est souvent servi de moi pour répandre des
aumônes dans le sein des pauvres. Madame la Vicomtesse
de Perrien, d'accord avec celui qui méritait de posséder
un pareil trésor, s'intéressait aux œuvres de propagande
catholique. La dernière offrande dont elle m'a chargé, était
destinée à la Basilique de Sainte-Anne : « Je ne peux pas,
me dit-elle, porter moi-même cette obole à notre Patronne ;
veuillez me rendre ce service et me recommander à la
puissante Protectrice de notre Pays. »

Mes Frères, ne m'accusez point d'indiscrétion. Je sais
que *la main gauche doit ignorer ce que fait la droite* (1).
Du vivant de cette femme forte et charitable, qui a envi-
sagé la mort avec résignation et confiance, je me fusse
abstenu de semblables révélations. Certes, elle m'eut
reproché de publier ses bienfaits. Elle n'attendait de moi
que des avis, qu'elle suivait, d'ailleurs, avec une docilité
parfaite. Puissent-ils avoir contribué à sa sanctification !

Lors de ma dernière visite, elle m'accueillit par cette
interrogation, qui me montra qu'elle avait conscience de
son état et qu'elle entendait recevoir en temps opportun
tous les secours de la religion : « Ne voulez-vous donc pas
me donner l'extrême-onction ? je n'ai pas peur... je serai
calme... »

---

(1) S. Matth. vi, 3

Lui ayant promis de ne point l'induire en erreur, je répondis que cette grâce et cette consolation lui seraient accordées sans délai. Et comme je l'exhortais à répéter ces paroles de Notre Seigneur au jardin des Oliviers : *Mon père, s'il est possible, que ce calice s'éloigne de moi ; cependant, que votre volonté soit faite et non pas la mienne* (1) ! — « Oh ! oui, répondit-elle, qu'il en soit ainsi ! »

Pourquoi, mes Frères, ne pas vous l'avouer ? En franchissant tout à l'heure le seuil de votre cimetière, je me suis senti le cœur brisé, à l'aspect de la fosse béante qui attend la dépouille mortelle de cette vaillante chrétienne que nous avons connue, estimée et aimée... Il y a quelques années, je venais ici bénir un berceau : me voici réduit à bénir une tombe !.. Gardons-nous, mes Frères, de défaillances que condamneraient à la fois l'exemple de celle qui n'est plus et les convictions de ceux qui marcheront sur ses traces, après lui avoir prodigué, pendant sa cruelle maladie, les soins les plus touchants et lui avoir facilité le passage, toujours si redoutable, du temps à l'éternité. N'entendions-nous pas à l'instant ce chant d'immortelles espérances : *Etiamsi mortuus fuerit, vivet !* (2) Hélas ! votre jeune bienfaitrice a passé comme la fleur des champs. Ce qui nous reste encore d'elle, *n'aura bientôt plus de nom dans aucune langue.* Et vous lui faites des funérailles simples mais dignes, vous conformant jusqu'à la fin à ses humbles intentions...

Maintenant, mes Frères, élevons nos cœurs. Écoutez : *Vivet*, elle vivra... Que dis-je ! elle vit... Il nous est même

---

(1) S. Matth. xxvi, 39. — (2) S. Jean, xi, 25.

permis de croire qu'elle a déjà reçu la récompense de sa vie pleine de bonnes œuvres et du pénible sacrifice qui lui a été demandé, à l'âge où elle pouvait jouir de tous les avantages qu'elle tenait de sa naissance, de son éducation, de son mariage, de sa fortune, de ses relations, de ses habitudes, de ses aspirations si chrétiennes et si françaises.

En vous voyant porter triomphalement son cercueil, que des mains amies et peut-être maternelles ont couronné de fleurs, je me suis senti réconforté. Ce sont bien là, me disais-je, en dissimulant mes larmes, les dignes fils de la Bretagne toujours fidèle. Leur cœur s'inspire de leurs croyances. C'est par ce qu'ils se font gloire *de rendre à Dieu ce qui est à Dieu*, qu'ils se montrent envers leurs semblables tour-à-tour justes, compatissants, généreux, reconnaissants. Heureux le pasteur d'un tel troupeau ! Oui, votre Évêque est fier de vous ! Dans l'adversité aussi bien que dans la prospérité, vous lui donnez la mesure de votre mérite et de votre vertu. Puissent nos vieilles familles bretonnes conserver, dans leurs châteaux ou dans leurs chaumières, ces traditions d'honneur, l'amour du devoir, l'affirmation pratique des droits de Dieu, de son domaine absolu sur leurs biens et sur leurs personnes ! Il plait aujourd'hui au Souverain Seigneur de toutes choses de briser des liens que nous avions vus se former sous les plus heureux auspices, que nous avions bénis avec sympathie et confiance. Ce coup soudain et violent a meurtri bien des cœurs. Ils demeureront soumis à la volonté de Dieu.... Et l'époux et la mère et le frère, abîmés de douleur, et les pauvres petites orphelines, qui ne sont pas d'âge à comprendre leur malheur, recevront de la Providence secours et protection.

C'est ainsi que naguère deux autres époux de vieille race, père et mère d'un petit enfant longtemps désiré et dont la naissance comblait des vœux si ardents, le voyant prendre inopinément son vol vers le Paradis, avaient la force de s'écrier : « Mon Dieu, vous nous l'aviez donné ; vous le ravissez à notre tendresse ; que votre Saint nom soit béni ! »

Ah ! mes Frères, ce sont de cruelles épreuves ! La nature succombe ou se révolte. Il faut que la grâce la relève ou l'apaise, sans tarir la source des larmes, sans chercher même à étouffer les sanglots. Jésus ne pleura-t-il pas son ami Lazare ?

Il nous est donc permis, mes Frères, de pleurer en ce jour de deuil pour deux nobles familles, dont la paroisse de Kvignac partage à si juste titre la poignante affliction. Mais *ne pleurons pas comme ceux qui n'ont plus d'espérance* (1).

Écoutons plutôt ce que nous disent à l'envi les anges gardiens de ce cercueil : *Heureux les morts qui meurent dans le Seigneur...* (2) *Ils ont semblé mourir aux yeux des insensés : mais ils sont en paix....* (3) Nous sommes autorisés, mes Frères, à nous fortifier de cette assurance. Sans avoir la témérité de sonder les impénétrables jugements de Dieu, je me complais à penser que le religieux silence qui règne autour de ce modeste catafalque, est l'image de la paix dont jouit au sein de Dieu, qu'elle a connu, aimé et servi, l'âme que nous assistons de nos prières, en même temps que nous conduisons à sa dernière demeure terrestre

---

(1) S. Paul aux Thessal., IV, 12. — (2) Apoc. XIV, 13. — (3) Sag. III, 2.

la faible enveloppe dont elle s'est détachée si prématurément.

Dès lors son sort est digne d'envie. Il convient surtout de pleurer sur nous et sur cette génération qui ne marche point assurément dans la voie de la paix. Quel avenir est le nôtre? O Christ, qui aimez les Francs, sauvez-nous !

A chaque jour suffit sa peine, (1) mes Frères. Bornons-nous pour le moment à porter la croix qui nous est imposée.

C'est l'heure des dernières prières et de la dernière séparation. Nous allons suivre ensemble le cortége funèbre jusqu'au lieu de repos choisi par votre bienfaitrice. Elle a voulu vous confier la garde de son corps. C'est un dépôt sacré. Épouses et mères chrétiennes, vous payerez votre tribut à la mémoire vénérée de cette femme d'esprit, de cœur et de caractère : le souvenir de son dévouement exemplaire, de sa rare modestie, de toutes les vertus que vous l'avez vue pratiquer, vous soutiendra dans l'accomplissement de vos devoirs. Vous apprendrez d'elle à bien vivre et à bien mourir.

Ainsi soit-il !

---

(1) S. Matth. vi, 34.

www.ingramcontent.com/pod-product-compliance
Lightning Source LLC
LaVergne TN
LVHW021817060726
842528LV00004B/1380